ASSOCIATION NATIONALE FRANÇAISE
POUR LA
PROTECTION LÉGALE DES TRAVAILLEURS

5, rue Las-Cases

NOTE

sur la législation française

tendant à réprimer le TRUCK-SYSTEM

par Henri CAPITANT

Professeur à la Faculté de Droit de Paris

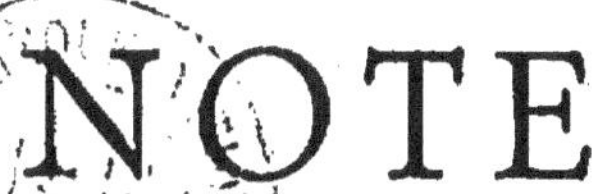

———— :: ————

PARIS
Au Siège de l'Association
1912

NOTE

sur la législation française

endant à réprimer le TRUCK-SYSTEM

par Henri CAPITANT

Professeur à la Faculté de Droit de Paris

RAPPORT SUR LE TRUCK-SYSTEM (1)

Le truck-system proprement dit consiste à payer les ouvriers soit directement en deniers et marchandises, soit en bons et jetons échangeables contre des fournitures faites par le patron lui-même, ou un de ses contremaîtres, ou un commerçant désigné par lui. Mais il peut affecter les formes les plus variées et exister alors même que le salaire est tout entier versé en espèces. Ainsi le fait de payer les ouvriers dans un cabaret où ils consomment une partie de l'argent qui leur est remis, dans un magasin où ils

---

(1) On dit ordinairement que le truck-system est rarement pratiqué en France, parce que les petits commerçants y sont nombreux et actifs. « L'usine, à part quelques centres isolés, a toujours eu autour d'elle de petits commerçants et de petits capitalistes vendant au détail et logeant. Or, avec le suffrage universel, ces classes moyennes ont eu un rôle prépondérant et n'ont pas toléré l'accaparement par le patronat de la consommation ouvrière. En outre, nous sommes une contrée de petite culture où l'attrait de la paye en monnaie courante était nécessaire pour attirer le paysan à l'usine ». (Vermale, Truck-system

ront incités à dépenser ce qu'ils viennent de recevoir est aussi dangereux, aussi répréhensible que le paiement en nature. L'installation de cantines dans les établissements industriels, sur les chantiers de travaux, est également un moyen de reprendre une partie du salaire. Enfin, les économats dans lesquels le patron ou l'un de ses préposés vend des marchandises payables par voie de retenue au moment de la paye, conduisent fréquemment aux mêmes abus que le truck-system direct.

Pour assurer à l'ouvrier le paiement intégral de son salaire et le défendre contre ce mode d'exploitation, le législateur a été conduit à interdire les diverses pratiques sous lesquelles il cherche à se dissimuler. Les mesures prises en France pour en empêcher l'emploi consistent en trois textes, qui sont dans l'ordre chronologique :

1° L'article 4 de la loi du 12 janvier 1895, relative à la saisie-arrêt des salaires et petits traitements des ouvriers et employés ;

---

et amendes, *Questions pratiques de législation ouvrière*, 1901, p. 97).

Ces observations sont certainement fondées. Les économats patronaux n'ont jamais été bien nombreux : l'enquête de l'Office du travail en a relevé 102 seulement, en dehors de ceux des compagnies de chemins de fer (*Bulletin de l'Office du travail*, 1909, p. 1189 et 1291), et les petits commerçants ont beaucoup contribué à en faire prononcer la suppression.

Néanmoins, il ne faudrait pas croire que le truck-system est inconnu chez nous. Certaines grèves, comme celles de Decazeville, en 1886, du bassin de Longwy, en 1905, n'ont eu d'autre cause que cet abus. Le mal a sévi non seulement dans les mines, mais dans les travaux publics. L'enquête précitée de l'Office du travail a démontré que le payement en bons ou en jetons se pratiquait encore dans certains établissements où existaient des économats, et parfois sur les chantiers de travaux publics. (*Bulletin de l'Office du travail*, 1909, p. 1100, 1191, 1198).

2° La loi du 7 décembre 1909 sur le paiement des salaires des ouvriers et employés ;

3° La loi du 25 mars 1910, supprimant les économats et interdisant aux employeurs de vendre directement ou indirectement à leurs salariés des denrées et marchandises de quelque nature que ce soit.

Ces lois ont été incorporées dans le livre premier du Code du travail, promulgué le 28 décembre 1910, dont elles forment les articles 43 à 45, 50, 75 à 77, 104 à 107.

I. — Le payement des salaires

L'article 43 du Code du travail décide que les salaires des ouvriers et employés doivent être payés en monnaie métallique ou fiduciaire ayant cours légal, nonobstant toute stipulation contraire, à peine de nullité.

Cet article frappe de nullité toute stipulation qui tendrait à décider que le salaire sera payé en marchandises ou en jetons, qu'elle soit faite au moment de la conclusion du contrat ou lors de chaque paye. Ce que la loi défend, c'est de payer en marchandises ou en jetons le salaire proprement dit.

La prohibition ne s'étend pas aux conventions ou aux usages en vertu desquels l'ouvrier reçoit, en dehors de son salaire et à titre de rémunération complémentaire, soit le logement, soit la nourriture, soit des fournitures diverses. La validité de ces dernières clauses est formellement reconnue par l'article 75 du Code du travail, lequel, après avoir interdit aux entrepreneurs d'annexer à leurs établissements des économats où ils vendent à leur personnel des denrées et marchandises ou d'imposer à leurs ouvriers et employés l'obligation de dépenser leur salaire, en totalité ou en partie, dans des magasins par eux indiqués, ajoute :

Cette interdiction ne s'étend pas au contrat de travail, si ce contrat stipule que l'ouvrier sera logé et nourri et recevra, en outre, un salaire déterminé en argent, ou si, pour l'exécution de ce contrat, l'employeur cède à l'ouvrier des fournitures à prix coûtant.

L'article 45, deuxième phrase, complète et renforce cette première prohibition en interdisant de faire la paye dans des débits de boissons ou des magasins de vente, si ce n'est pour les personnes qui y sont occupées.

Ces deux dispositions concernent tous les ouvriers et employés, sans aucune distinction, qu'ils appartiennent à l'industrie, au commerce, à l'agriculture, aux professions libérales ou aux administrations publiques. Mais elles ne s'appliquent pas aux domestiques et aux gens de service, lesquels ne sont pas compris dans les expressions employées par la loi.

Les contraventions commises exposent leurs auteurs à une double sanction, civile et pénale. Tout d'abord, l'ouvrier ou l'employé peut réclamer des dommages-intérêts au patron (art. 104 du Code du travail); en outre, le coupable est passible d'une poursuite devant le tribunal de simple police et d'une amende de 5 à 15 francs.

II. — Les avances en fournitures et les économats patronaux.

La loi française distingue deux sortes d'avances en fournitures, qu'elle traite différemment :

1° Les fournitures d'outils ou d'instruments nécessaires au travail et les matières ou matériaux dont l'ouvrier a la charge et l'usage. Elles peuvent être faites soit en nature, soit sous forme de deniers destinés à l'achat de ces objets.

Ces avances sont nécessairement limitées quant à leur chiffre ; elles rendent service à l'ouvrier ; elles sont parfois nécessaires. Il n'est pas à craindre qu'elles lui causent préjudice. Aussi, le législateur ne les interdit pas, et l'article 50 du Code du travail, reconnaissant la légitimité de cette créance, décide que la compensation s'opère au profit du patron entre le montant des salaires dus à l'ouvrier et la valeur des fournitures.

2° Les autres espèces de fournitures, denrées, marchandises, etc. Dès 1895, le législateur s'est préoccupé d'empêcher l'abus de la vente à crédit pratiquée par les économats patronaux. D'après l'article 4 de la loi du 12 janvier 1895 (art. 50 du Code du travail), aucune compensation ne s'opère au profit des patrons entre le montant des salaires dus par eux à leurs ouvriers et les sommes dont ils seraient créanciers pour fournitures de toutes sortes, denrées, marchandises et même logement (1), car le texte est aussi compréhensif que possible. Par conséquent, le chef d'entreprise qui a fait des fournitures à crédit ne peut pas se payer par voie de retenues sur le

---

(1) Du reste, la jurisprudence actuelle de la Cour de cassation, arrêts du 28 juin 1910 (*Bulletin de l'Office du travail*, 1910, p. 740) et du 8 novembre 1911, décide que, en dehors des cas prévus par les articles 50 (fournitures d'outils ou de matériaux) et 51 (avances en argent) du Code du travail, le patron créancier de l'ouvrier pour une cause quelconque, même pour dommages-intérêts, ne peut faire de retenues sur le salaire que jusqu'à concurrence du dixième saisissable. En effet, d'après l'article 1293, 3° al., du Code civil, la compensation n'a pas lieu à l'égard des dettes qui ont pour cause des aliments déclarés insaisissables ; or, la créance du salaire rentre dans cette catégorie. Les retenues pour amendes se trouvent ainsi indirectement réglementées, bien que notre loi n'en parle nulle part. Il résulte, en effet, de la

salaire. Il en est réduit, comme les autres créanciers de l'ouvrier, soit à se faire céder le dixième dont la loi laisse à celui-ci la disposition (art. 62 du Code du travail), soit à faire saisie-arrêt ou opposition sur le dixième saisissable, à défaut de paiement amiable.

La Cour de cassation a reconnu que cette disposition avait un caractère d'ordre public et elle en a conclu que les parties ne pouvaient pas y déroger. Par conséquent, même si l'ouvrier acceptait sans protester, au moment de la paye, la retenue opérée sur son salaire, la convention serait nulle et l'intéressé pourrait, après coup, en invoquer l'annulation, et réclamer le remboursement des sommes retenues (1).

Dans la pratique, la prohibition édictée par l'article 50 n'est jamais respectée. Les économats patronaux ont toujours pratiqué la vente à crédit, car ils ne peuvent pas se faire payer comptant, et le paiement par voie de retenues sur le salaire (2).

---

jurisprudence précitée que ces retenues ne pourront jamais dépasser le dixième saisissable.

Enfin, une dernière conséquence découle de la solution consacrée par la Cour de cassation. Quand il existe une saisie-arrêt sur le salaire, le chef d'entreprise ne peut plus opérer de retenues à son profit personnel. Il est payé au même rang que les créanciers opposants.

(1) Voir Civ., 21 juillet 1909, S. 10. 1. 113 ; D. P., 10. 1. 25, et 1ᵉʳ juin 1910, S. 10. 1. 417 ; D. P., 10. 1. 297. Le premier de ces arrêts a soulevé une vive émotion chez les industriels qui se sont vus ainsi menacés de réclamations pouvant s'élever à plusieurs millions. Le second arrêt est un peu moins catégorique que le premier. Il affirme, lui aussi, que la prohibition des retenues est d'ordre public, mais il ajoute que la loi est satisfaite du moment que le salaire *a été mis à la disposition* de l'ouvrier.

(2) L'enquête faite par l'Office du travail sur les économats de chemins de fer a constaté qu'on opérait par le moyen des

Aussi le législateur, jugeant cette première mesure insuffisante, a-t-il aboli l'institution même des économats patronaux, par la loi du 25 mars 1910 (art. 75 à 77, 105 à 107 du Code du travail). Ces articles interdisent à tout employeur : 1° d'annexer à son établissement un économat où il vende, directement ou indirectement, à ses ouvriers et employés ou à leurs familles, des denrées et marchandises de quelque nature que ce soit ; 2° d'imposer à ses ouvriers et employés l'obligation de dépenser leur salaire en totalité ou en partie dans des magasins désignés par lui.

Tout économat doit être, en conséquence, supprimé dans un délai de deux ans à dater du 25 mars 1910 (art. 76).

Les infractions à ces prescriptions sont frappées d'une très forte amende qui est de 50 à 2,000 francs et peut être portée, en cas de récidive, à 5,000 francs (art. 105).

Les inspecteurs du travail sont chargés de veiller à l'exécution de ces dispositions (art. 107).

Le législateur n'a laissé subsister que les économats des réseaux de chemins de fer placés sous le contrôle de l'Etat et ceux qui sont annexés à des établissements industriels dépendant de sociétés dans lesquelles le capital appartient, en majorité, aux ouvriers et employés, retraités ou non, de l'entreprise et dont les assemblées générales sont statutairement composées, en majorité, des mêmes éléments.

---

retenues, même sur le réseau des chemins de fer de l'Etat. Voir *Bulletin de l'Office du travail*, 1910, p. 33.